Nós em Poesia

Eu, os meus, os outros e a vida

Editora Appris Ltda.
1.ª Edição - Copyright© 2024 da autora
Direitos de Edição Reservados à Editora Appris Ltda.

Nenhuma parte desta obra poderá ser utilizada indevidamente, sem estar de acordo com a Lei n° 9.610/98. Se incorreções forem encontradas, serão de exclusiva responsabilidade de seus organizadores. Foi realizado o Depósito Legal na Fundação Biblioteca Nacional, de acordo com as Leis n°s 10.994, de 14/12/2004, e 12.192, de 14/01/2010.

Catalogação na Fonte
Elaborado por: Dayanne Leal Souza
Bibliotecária CRB 9/2162

S681n 2024	Soeiro, Renata 　Nós em poesia: eu, os meus, os outros e a vida / Renata Soeiro. – 1. ed. 　– Curitiba: Appris, 2024. 　　61 p. : il. ; 21 cm. 　　ISBN 978-65-250-6274-7 　　1. Literatura brasileira - Poesia. 2. Vida. 3. Emoções. 4. Sentimentos. 　I. Soeiro, Renata. II. Título. 　　　　　　　　　　　　　　　　　　　　　　　　　CDD – B869.91

Appris
editora

Editora e Livraria Appris Ltda.
Av. Manoel Ribas, 2265 – Mercês
Curitiba/PR – CEP: 80810-002
Tel. (41) 3156 - 4731
www.editoraappris.com.br

Printed in Brazil
Impresso no Brasil

Renata Soeiro

Nós em Poesia
Eu, os meus, os outros e a vida

Appris
editora

Curitiba, PR
2024

FICHA TÉCNICA

EDITORIAL	Augusto Coelho
	Sara C. de Andrade Coelho
COMITÊ EDITORIAL	Ana El Achkar (UNIVERSO/RJ)
	Andréa Barbosa Gouveia (UFPR)
	Conrado Moreira Mendes (PUC-MG)
	Eliete Correia dos Santos (UEPB)
	Fabiano Santos (UERJ/IESP)
	Francinete Fernandes de Sousa (UEPB)
	Francisco Carlos Duarte (PUCPR)
	Francisco de Assis (Fiam-Faam, SP, Brasil)
	Jacques de Lima Ferreira (UP)
	Juliana Reichert Assunção Tonelli (UEL)
	Maria Aparecida Barbosa (USP)
	Maria Helena Zamora (PUC-Rio)
	Maria Margarida de Andrade (Umack)
	Marilda Aparecida Behrens (PUCPR)
	Marli Caetano
	Roque Ismael da Costa Güllich (UFFS)
	Toni Reis (UFPR)
	Valdomiro de Oliveira (UFPR)
	Valério Brusamolin (IFPR)
SUPERVISOR DA PRODUÇÃO	Renata Cristina Lopes Miccelli
PRODUÇÃO EDITORIAL	Bruna Holmen
DIAGRAMAÇÃO	Amélia Lopes
CAPA	Kananda Ferreira
REVISÃO DE PROVA	Jibril Keddeh

Aos meus pais Rejane e Jeiner, meu irmão Jiovani Lucas e meu sobrinho Guilherme.

Aos meus amados e inspiradores avós: Francisca, Francisco e João.

Poeta, não é somente o que escreve. É aquele que sente a poesia, se extasia sensível ao achado de uma rima à autenticidade de um verso.

(Cora Coralina)

Escritor: não somente uma certa maneira especial de ver as coisas, senão também uma impossibilidade de as ver de qualquer outra maneira.

(Carlos Drummond de Andrade)

SUMÁRIO

Simplicidade 11
Relação especial 12
Evolução 14
Sirva-se 15
Meu dom 16
O invisível 17
Jardim da vida 18
Ser 19
Tríade 20
Porto Seguro 21
Precioso 22
Sensações 23
Milagres 24
Rota 25
Direção 26
Para sempre, nós 27
O Voo 28
Único 29
Mar 30
Duas 31
Um amor, uma cor, um elo 32
Sentir 33
Ter medo 34
Saudosismo 35
Você 36

Seu toque 37

Adeus 38

Vovó e Vovô 39

Presença 41

Paixão..42

Vida 43

Como uma Lua..44

Minha ferida 45

Minha ferida 2...47

Nova Morada 48

Salvador-Bahia..49

Vicente..50

Ansiedade..51

Chegadas 52

Imensidão..54

Conto do Guilherme..56

Minha dupla 58

Entreolhares...59

Basílica Senhor do Bonfim 60

Ventura..61

Simplicidade

e no passar dos seus corridos dias
que você sinta a beleza e
a leveza que é ser
sua própria
poesia.

Relação especial

Quando eu estive com dor
Ele me curou
Quando eu estive no chão
Ele me levantou

Nunca estive sozinha
Porque Ele me acompanhou
E quando estive em meio aos erros
Ao caminho certo ele me direcionou

Quando tive medo
era em oração
que pedia sua proteção
e que acalmasse o meu
coração.

Ela, também, intercedia por mim
e me livrará de tudo que era ilusão
me sentia protegida
com o manto de Nossa Senhora Aparecida.

É assim que é
Ele é o caminho
Pode me faltar tudo
Menos a minha fé.

Ele me fortaleceu
Me engrandeceu
é a minha melhor relação
Deus e eu.

Evdução

Para me achar
precisei me perder
e foi me perdendo
que pude entender
que precisava mesmo crescer.

Me perdendo no meu próprio eu,
pude achar uma versão minha
que não era confortável,
mas para quem?
não, não pude fugir do inevitável.

Doeu,
mas foi me perdendo por minhas trilhas,
que consegui encontrar
a leveza de ser,
visceralmente,
eu.

Sirva-se

pegue um café
para poder enxergar
as formosuras do seu dia.
café e sem açúcar
ou com.
em qualquer canto da cidade
sempre tem um pouco de café
e histórias para sentir.
é melhor arrostar a vida
depois de um menorzinho,
já diria minha vó:
um café para salvar.

com calma,
toma teu café
tem mais a frente
fique,
deguste o momento.

Meu dom

Foi escrevendo que me acessei;
Foi escrevendo que me expressei;
Foi escrevendo que tive coragem;
Foi escrevendo que despertei.

Através das palavras enxerguei
um amor escondido,
através das palavras me reencontrei,
do que há muito tempo pensei ter perdido.

Voltei a me juntar com as palavras
para me entregar,
confiar,
me aceitar.

No silêncio,
unia as palavras
e fazia delas o meu refúgio.
e foi no silêncio que eu fiz uma promessa:
das palavras,
nunca mais eu fujo.

O invisível

os barquinhos no movimento
do mar
para lá e para cá
me pergunto:
como que forças aguentas a tempestade?
são tão pequenos.
talvez eu saiba responder,
acredito em forças sobrenaturais.

na minha vida,
as tempestades me fazem ser como eles,
os barquinhos,
que tiram as forças de onde
quase ninguém pode ver.
Eu vejo.

Jardim da vida

O girassol inspira felicidade,
as rosas, o amor;
As orquídeas trazem um tom de exclusividade;
E com suas cores vivas, a Gérbera é o puro bom humor.

Suculentas, flores ou plantas,
um jardim inteiro e
uma energia que
acalanta.

Que se tenha um mundo delas para florir a passagem
que nós vamos trilhar com a nossa
genuína coragem,
para poder crescer com os nossos
desejos que queremos ver
florescer.

Ser

A arte do ser
De se expressar na autenticidade
A leveza do viver
Sendo sua própria verdade

Ser quem quiser, como quiser
Confiar no eu, na intuição
ser o que puder
com sua história e evolução

Dançar, sorrir ou chorar
querer e fazer
se abraçar e amar
na pura essência do seu próprio ser.

Triade

eu sou,
a flecha de sagitário que me direciona para o
quão alto posso voar e ser feliz;
o ar de aquário que me liberta dos padrões e
sempre me faz evoluir;
o aterro em capricórnio onde encontro forças para
confiar, planejar e dos meus sonhos me nutrir.
eu sou.

Porto Seguro

Tenho tanto deles
que enxergo eles em mim.
Sou fruto deles
e de um amor sem tamanho por mim.

Deles eu vim,
por eles estou aqui,
para eles eu volto,
e jamais me solto.

É o meu caminho,
direção e base.
E em cada fase,
o meu ninho,
está em mainha e painho.

Precioso

Tempo,
inestimável tempo,
logo a luz se vai
e nem sempre temos a lua
na escuridão.
O tempo segue
me encontrando,
veloz,
vai passando.
Que você não se perca
no tempo que não é
meu e tampouco seu.

Sensações

cresci achando que era forte
o suficiente para não sentir,
que boba,
quem deras eu ter sabido antes
quão bom
era esse toque simples
do meu ser sentindo.

Milagres

Um dia me disseram que em cada encontro
levariam um pouco de mim,
Mas também me disseram que é verdade
que eles deixam um pouco de si.

Os encontros sempre deixam uma lição,
explícito ou não,
Mas tem encontros que são pura diversão
e que só deixam a pureza do seu coração.

Uma roda de conversa,
Pé na areia e sorrisos soltos.
Uma chuva que me deixa imersa
na beleza de ver todos envoltos.

Tem encontros que são verdadeiros presentes,
que as vezes até me espanta.
Tem encontros que já se mostram que serão para sempre
Que Deus manda em uma Semana Santa.

Rota

Eu não tenho medo de desistir
preciso parar,
voltar,
repensar.
Eu mudei nesse tempo que passou,
por isso,
preciso regredir,
recalcular.
Meus desejos já não são mais os mesmos,
e para retomar,
de alguns, vou precisar abdicar.

Direção

O que é o destino se não o caminhar?
o caminho com direção e sonhos.
O que é o destino se não o enxergar?
com os olhos da fé nos próprios planos.

Destino como escolha;
Destino como transcendência;
O meu destino já foi escrito
ou será que o destino é consequência?

O destino é direção
e crença;
Sorte ou não,
O destino é determinação.

Erro e acerto;
um desatino;
Seja lá o que for,
é necessário amar o próprio destino.

Para sempre, nós

Amizade essa que me alimenta,
me supri,
me complementa.
sua amizade que me faz
querer ficar,
e explanar todo esses
gestos que tenho aqui guardado.
quero teu ombro para esgotar
minhas lágrimas de dor
e alegria.
uma amizade que se acolhe,
e escolhe
aqui e juntos.

O Voo

Distância, mas não solidão.
Estar distante
mas não ser distante.
Distância é estar convicto
de que tudo pode ser evolução
ou seria revolução?

Crescer, fantasiar, borboletear
Voar.
Viver no mistério do...será?
E o respiro na intenção de esperar.

Distância é ser nostálgico
e dramático.
Distância supera
até aquilo que já foi problemático.

Ser distante pode ser reaprender
a sua verdadeira alegria.
Ser distante também pode ser
ver a magia de tudo que é poesia.

Único

Você foi meu verdadeiro amor;
não foi o que durou;
nem o que ficou;
Mas foi o único, que, profundamente,
me tocou.
Nossa história foi a melhor que pude viver
mas eu não quis ficar,
tinha medo de não merecer,
e no final,
te fazer sofrer,
ou sofrer.
Se eu pudesse escrever um livro,
seria de romance,
seria desse amor
que aconteceu entre mim
e você.
Fostes a minha história preferida
aquela que fui emocionalmente
envolvida.
E no meu livro de romance
você foi o grande amor que passou pela minha
vida.

Mar

Mar azul, de alegria;
Azul de tranquilidade, paz e lealdade;
Mar é renascimento e saúde. É equilíbrio;
Mar é energia, limpeza e reinício.
Confiança e cuidado, mar é abraço;
O mar é lar; abrigo.
Salga a alma; acalora a pele.

Livre, limpo, calmo;
Sal, sol.
Ao toque da lua, amor.
entre cores e movimentos...
...mar.

Duas

A fé nasce, vive, renasce;
A fé mora onde ninguém vê, ela é o sentir;
A fé segura, ampara e cura;
A fé é o verdadeiro agir;

Sonhar e viver;
Sonhar e criar;
Sonhar e crescer;

No sonhar, a fé espera;
No caminho, a fé mantém;
No realizar, a fé fica;

A fé não falha;
Ela não demora;
A fé é tempo;
A fé são duas: Marina e Cora.

Um amor, uma cor, um elo

AMARelo sol
AMARelo luz
AMARelo ouro;

O elo do amor
O elo da paixão
O elo da dor?

AMARelo brilho
AMARelo esperança
AMARelo amar;

Amar é fogo
Amar é corpo
Amar é amar o elo.

Sentir

Quero olhar e sorrir.
Borboletas no estômago.
Saudade e abraço. Colo e risadas.
Quero chorar e sorrir.
Quero o encontro.
Quero respirar fundo a cada olhar.
Sentir o cheiro e o toque.
Poder me jogar.
Quero a paixão, o processo.
Quero você.

Ter medo

A insegurança que prende,
que atrasa.
confio em mim,
eu sei que é bom.
Sou vulnerável,
sou ridículo,
assim eu consigo muito mais,
é nesse encontro com minhas fraquezas
que me encontro
melhor.

Saudosismo

Saudade é não saber;
Não saber o que fazer com os dias que ficaram mais longos;
Não saber como encontrar tarefas que lhe cessem os pensamentos;
Não saber como frear as lágrimas diante de uma música.
Saudade é não saber;
Não saber como vencer a dor de um silêncio que nada preenche;
Não saber como suprir a ausência...
Ausência da voz,
do cheiro,
das risadas,
de você (s).
Saudade é não saber.

Você

Como é bonito seu sorriso quando seus olhos
encontram o mar
E quando o céu vai mudando de cor
vejo seu corpo amansar.

A imensidão te faz respirar
como uma criança feliz
aquela criança que quer brincar
com um presente que tanto quis.

Como é bonito ver o homem acalmar
com a imensidão da natureza
Como é bonito ver você
admirando o simples com tanta sutileza.

O céu, o mar e você
em um instante qualquer
pode até parecer clichê...
...só que para mim, isso foi tão bonito de ver.

Seu toque

Aquele dia te fiz carinho
mas vi nos seus olhos a preocupação,
eu te juro, não era paixão,
era só eu no meu momento emoção.
sem controle,
sem medo...

estava tudo bem comigo,
eu só queria te apresentar um lado meu
que você podia ter como abrigo.
você estranhou, eu aceitei,
recuei,
fiquei triste...
e no seu rosto, nunca mais eu toquei.

Adeus

preciso ir.
mesmo te amando,
agora preciso ir.
nossa sinfonia perdeu a sintonia,
nossos desejos se distanciaram,
nossas vontades não mais se encontraram.
e mesmo te amando
agora preciso ir.

Vovó e Vovô

Que sorte a minha ter vocês para amar
Mais sorte ainda é ter a honra de receber esse amor.
O abraço de vocês dá vontade de morar
E tê-los por perto, para mim, tem um grande valor.

Nas suas casas sempre foi banho de piscina
ou banho de mangueira na varanda.
Por vezes precisava de muitas regras
em outras, eram mais brandas.

As suas histórias me encorajavam.
As suas dificuldades me faziam ser mais
compreensiva na vida.
E a cada descoberta nova dos caminhos traçados,
com vocês ficava mais envolvida.

Seja em Brasília ou em Salvador,
Casa de vó sempre me acarinhou.
Depois de grande,
a casa de vó me salva até de uma dor.

Que sorte a minha ter Francisco e Chiquinha para amar
e hoje, poder cuidar.
Que sorte a minha crescer ouvindo seu João
e poder entregar todo afeto que tem no meu coração.

Avós é aconchego e totalidade.
Ter avós é sinônimo de
FELICIDADE.
Que sorte a minha.

Presença

Olho para o lindo encontro do céu com o mar,
dois infinitos.
duas energias.
o céu e seus diferentes tons
o mar tranquilo,
tem sinergia.

As palavras se vão com o movimento das águas
Deus se faz presente na beleza
que é este momento.
As nuvens parecem falar comigo,
são tantos os seus formatos.
meus olhos ainda seguem atentos.

Estar presente;
tem alma;
contemplo.
tão vultuoso é este
momento.

Paixão

Sentir por você nunca foi querer;
Sentir por você nunca foi aconchego;
por você sempre foi, de mim, me esconder.

sentir por você é escuro,
mas sentir por você é viver.
me sinto viva sentindo
mas por que por você?

Com os olhos fechados eu sinto
tudo aquilo que não é ação;
com os olhos fechados eu vivo
a tão temerosa paixão.

Me cativa, me encanta e me assusta
Mas vou me fazer uma proposta:
Paixão não me é conforto,
mas que tal sentir para ver se gosta?

Vida

que medo é esse que te prende?
solta, vai. a vida te espera.
com calma. respira.
que trauma é esse que te assombra?
liberta, cura e vai.
por que se escondes?
tira as armaduras.
deixa vir,
sem medo, sem trauma.
deixa ecoar o sentir,
como uma pluma.
a vida te espera.

Como uma Lua

que eu sempre tenha a capacidade de me
renovar
e crescer
em cada fase da minha vida,
mesmo que precise chegar ao meu
ápice
e depois
minguar
para recomeçar.

Minha ferida

E quem irá me convencer de que o amor
não é dor?
o amor já me machucou,
como vou acreditar nessa história que o tempo
ressignificou?

Quem irá me convencer que as notícias são falaciosas?
O amor amordaçou muitos corações,
ou será que minhas ideias são fantasiosas?

Me amedronta aceitar o amor,
esse que destrói
não foi esse que veio do criador
o amor dEle não corrói.

Não tente me convencer do contrário
Eu já não quero aceitar
vivo no meu modo arbitrário
assim vou continuar.

O amor romântico que eu sonhei?
se perdeu,
quando por um amor eu lutei
e fortemente me lesionei.

Vou seguir,
sem essa de amor,
sem dor,
em paz.

Minha ferida 2

Quero viver esse amor com você
e vê-lo crescer.
Ao seu toque,
sentir seu calor.
Eu quis ficar
e no seu colo me confortar.
Você curou minha dor
com todo seu fervor
e agora prezo, ó, menino, por sua voz me chamando:
"venha, minha pequena".

Nova Morada

Do Farol da Barra ao Farol da Ponta Verde;
Da Praia de Itapuã a praia de Pajuçara;
Vou ao Jaraguá quando quiser me lembrar do Pelô;
Oi, Alagoas! Até Logo, Salvador!

Em abril de 2022 Maceió me acolhia
tantas semelhanças que me sentia em casa;
A bandeira de Alagoas tem as mesmas cores da bandeira da Bahia,
e como lá na minha terra, nas suas tradições, seu povo extravasa.

Barra de São Miguel ou Praia do Francês;
São Miguel dos Milagres ou Maragogi;
Litoral Sul ou Litoral Norte,
Ahh...morar em Alagoas é uma baita sorte.

É no meu Nordeste,
eita lugar bom da peste.
E agora, minha história está ainda melhor
com minha chegada na cidade de Maceió.

Salvador-Bahia

Nasci em Salvador,
Primeira capital do Brasil,
Cidade do carnaval,
e de um povo varonil.

Cresci em Salvador,
subindo as ladeiras de Brotas,
tem também a ladeira do Tororó
que já fez parte da minha rota.

Vivi Salvador,
das fitinhas na Igreja do Bonfim
até a rosa de Iemanjá no mar.
Ouvindo axé ou pagode,
ali era meu lugar preferido para morar.

Minha raiz,
é a minha história, meu lugar,
posso, por vezes, precisar voar,
Mas, São Salvador, pode esperar
eu sempre vou voltar.

Vicente

com seu andar detidamente,
sem pressa,
o vejo ir de uma casa para outra,
com seus passos curtos.
cabeça branca, sorriso tímido,
lá vai ele, sempre assim,
sem pressa.
e chega o dia, última vez que o vi,
seu machucado doía, a mão direto na sua orelha,
a dor o consumia,
mas ele lembrou de mim,
sua bisneta, Tatinha.

Ansiedade

Meu coração acelerou,
meu corpo esquentou,
que sensação é essa que chegou
e por tanto tempo ficou?

Meu corpo tremia,
os pensamentos bagunçados,
eu tentava, mas não entendia,
dentro de mim estava tudo tão aguçado...

Respirava,
tentando me acalmar,
o medo imperava,
enquanto eu tentava me abraçar.

Depois um tempo,
a confusão se dissipou,
e só aí pude entender,
a ansiedade chegou, ficou e me deturpou.

Chegadas

sempre tive medo,
fui,
sempre tive dúvidas,
continuei.

de todos os meus receios,
ser vulnerável era o que eu mais temia,
mas segui.

minha intuição gritava:
vai!
meu coração acelerava.
minha razão dizia:
cuidado!
e fui.

chorei,
mas também sorri.
doeu,
mas passou.

Consegui!
ufa!
que aflição.
fui e venci,
cheguei!
Que grande foi a lição...

Imensidão

estou na estrada,
cantarolando, a música está alta,
no ritmo que mais me agrada.
abro a janela do carro, escuto o som do vento tocando meu rosto,
nesse momento todo meu penteado já está em desordem total,
mas como é boa essa sensação,
sinto em mim a imensidão.
Sigo no meu caminho, tentando organizar a balbúrdia dos meus pensamentos,
quero estar presente na admiração, mas preciso acalmar tantas vozes.
olho e me sinto pequena, nanica.
é tudo tão imenso, tão belo...
o vento continua a me tocar, sinto ainda o som da liberdade.
Não vejo mais carros, somente a beleza da terra,
tantas são as árvores, as flores,
as borboletas, que a maioria delas são amarelas,
que belo presente!
Tem o infinito das nuvens e o vento...ah, o vento,
esse continua a me acarinhar, e eu gosto.
Estava ali por obrigação,
mas tamanha foi a minha gratulação...
meus olhos marejavam,
e enfim, percebi que minha mente já não mais conversava comigo,
estava ali,

presente,
só eu, o vento e a grandeza da natureza.
Senti um pouco mais do ar na minha pele,
respirei fundo,
não podia fechar os olhos, era uma estrada,
mas podia sentir cada detalhe,
e até onde meus olhos podiam enxergar,
eu fui,
vivi,
senti.
e quando vi uma nuvem com formato de coração,
falei em voz alta:
"Oi, Deus, eu te vi em tudo. Obrigada."

Conto do Guilherme

Ela estava no hospital esperando-o chegar, mas precisava sair para viajar e fazer uma prova em outra cidade. Estava frio no hospital e toda hora ela sentia fome. O tempo parecia não passar. O tic tac do relógio estava mais lento, era uma inquietação. Andava de um lado para o outro. Ela não estava sozinha, mas tudo era uma agonia. Ela tinha que viajar.

De repente tudo ficou preto, parece que a pressão não tinha suportado tamanha emoção. E agora?

Ele tinha o momento certo de chegar, definido por quem? Sei lá, mas ela tinha que esperar, nada podia fazer, a não ser esperar, e melhorar.

Então, ela desistiu de viajar. Não podia ficar longe. Não naquele momento. Seu coração pedia, sua intuição, também.

O tempo continuava passando, o dia ia amanhecendo, as pessoas no hospital iam mudando. Chegava gente, saía gente. Ela dormirá no sofá da sala de espera. Ansiosa, e sem saber o que acontecia lá dentro. Por que a demora? Será que estava tudo bem com eles?

Ele tinha sua hora certa de chegar.

Enquanto isso, ela pensava em como seria como ele chegasse. Seus pensamentos conjecturavam várias situações que poderiam viver juntos. Ele, ela e todos da família.

Chegou a escrever uma carta enquanto esperava para tentar amenizar a angústia. Já não sabia mais quantas horas tinham se passado. Ela já tinha melhorado, já tinha orado, comido alguma vezes, e nada de notícias lá de dentro. Todos ali, naquele hospital, estavam aguardando a notícia.

Seus pensamentos vagavam entre o acontecimento daquele dia e a prova que faria. Será que tinha tomado a melhor decisão? Era seu futuro, uma prova de sua formação.

Já tinha decidido, não faria, lá na frente decidiria o que fazer em relação a isso.

Enquanto estava imersa em seus pensamentos, tinha a sensação que o tempo continuava a passar devagar, o hospital ficava mais frio e as pessoas não paravam de chegar. Todos esperavam por notícias.

Foi aí que mandaram avisar: venham para o outro lado. Era lá que a magia aconteceria. Era lá, neste novo local, dentro do hospital, que veríamos o que tanto esperávamos. Todos foram, todos afobados. Avós, tios, tias, primos. Todos em uma só sintonia. Em uma só espera.

De repente, lá vem ele. O momento que tanto estávamos aguardando. Era ele.

Nessa hora ela já não tinha mais dúvida, tinha mesmo que ter ficado, tinha mesmo que ter vivenciado aquele momento. Ela não precisava de prova. Ela precisava viver aquele instante.

Ele já estava ali. Nos braços do seu pai ele vinha e pudemos presenciar: Guilherme tinha nascido! Guilherme, seu primeiro sobrinho, tinha, finalmente, chegado.

Minha dupla

Tenho você,
independente das circunstâncias,
eu sei que tenho você.

Desde a infância você me traz sorte
e faz de mim, uma menina forte.
Você me cedia sua cama, você me cedia seus amigos,
desde a infância, você me aclama.

Seu sorriso traz o alívio em dias nublados;
Suas piadas, a leveza em dias pesados;
Você que sempre me deu a mão,
o destino me fez te chamar de
meu irmão.

Entredhares

De você eu nunca mais ouvir falar,
por que sumistes do meu radar?
ainda tinha tanto para acontecer
mas eu demorei de ceder;
Você podia voltar,
para que eu pudesse me entregar,
eu não iria mais falhar...
eu até já gostava do seu olhar,
mas você decidiu sumir do meu radar.

Basílica Senhor do Bonfim

é sagrado;
é confidência e fé;
fui lá, agradeci, pedi;
aconteceu!
Sempre será assim,
eu sei,
foi como eu aprendi e senti,
lá é assim.
E eu acreditei!

Ventura

Realizar sonhos,
com a clareza de poder continuar.
Tem mais por vir,
mas chegar aqui, me faz querer voar.
Minha mente foi forte,
já quis me sabotar,
mas aprendi que tudo posso,
se eu quero, eu vou cocriar.
Sonhar e realizar;
A felicidade presente na ação do
acreditar;
Vou desaguar,
eu consegui mais um sonho
realizar.
Obrigada por chegar até aqui!